2e EXPOSITION RÉGIONALE DE RENNES.

1859

CATALOGUE

DES

OBJETS EXPOSÉS.

PRIX : 20 CENTIMES.

RENNES,

TYPOGRAPHIE OBERTHUR, RUE IMPERIALE, 8.

1859.

2e EXPOSITION RÉGIONALE DE RENNES.

1859

CATALOGUE

DES

OBJETS EXPOSÉS.

PRIX : 20 CENTIMES.

RENNES,

TYPOGRAPHIE OBERTHUR, RUE IMPÉRIALE, 8.

1859.

CATALOGUE

DES

OBJETS EXPOSÉS.

CLASSEMENT.

Les objets exposés ont été classifiés conformément aux principes adoptés par la commission d'exposition universelle de Paris. Les *classes* ont été ensuite réunies en *groupes*, dont chacun a été confié aux soins de deux Membres de la Commission d'organisation. C'est donc à chacun de ceux-ci que Messieurs les Exposants doivent plus spécialement s'adresser pour les réclamations qu'ils ont à faire.

INDUSTRIES DIVERSES.

1er Groupe. { M. Marteville, *président* ; M. Wuichet, *vice-président*.

2e Groupe. { M. Hardouin, *président* ; M. Petit, *vice-président*.

3e Groupe. .	M. De la Blanchardière, *président ;* M. Ramet (H.), *vice-président.*
4e Groupe. .	M. Le Tarouilly, *président ;* M. Martenot, *vice-président.*
5e Groupe. .	M. De la Guistière, *président ;* M. Amand De Léon, *vice-président.*
6e Groupe. .	M. Du Plessix, *président ;* M. Martin-Feuillée, *vice-président.*

BEAUX-ARTS.

7e Groupe. .	M. Aussant, *président ;* M. De Monthuchon, *vice-président.*

Le classement fait, on a indiqué, après le nom de chaque exposant, le groupe auquel appartiennent ses produits.

Pour faciliter la recherche de ceux-ci, on croit devoir donner ici une indication sommaire des parties de l'Exposition où sont placés les divers groupes.

Les cuirs, la fumisterie, la céramique, la minéralogie, occupent les galeries du rez-de-chaussée (annexe le cabinet de physique).

Les produits chimiques et pharmaceutiques, les liqueurs, la parfumerie, l'amidonnerie, la vermicellerie, la chocolaterie, sont classés dans le local destiné au Musée de géologie Rouaux.

La grande cour vitrée a été réservée pour la grosse horlogerie, les billards, un autel sculpté et autres objets hors de leurs classes.

Dans la cour de l'Ecole de médecine a été élevée la galerie des beaux-arts (annexes : le Musée de sculpture, au rez-de-chaussée ; au premier étage, les Musées de la ville et le cabinet Aussant).

L'agriculture, les toiles, les machines et les produits agricoles occupent la cour du Lycée et la chapelle.

Les ardoises, les fontes, la chaudronnerie, la ferronnerie, la carrosserie, la corderie, sont sous la galerie de la cour du Lycée.

Les galeries du premier étage contiennent les objets d'habillement, l'industrie des laines, les métiers à tisser et à coudre.

Dans la salle joignant le vestibule sont les ornements d'église, les broderies, la lingerie de luxe.

L'aile nord-est renferme les ameublements, les papiers peints, les pianos, etc.

Enfin, l'aile nord-ouest a reçu l'horlogerie fine, la papeterie, l'imprimerie, la lithographie, l'orfèvrerie et les sculptures d'ornementation.

SECTION DE L'INDUSTRIE.

A

MM.

ALAIN (Pierre), à Gosné (Ille-et-Vilaine). — 2e groupe.

1 — Chanvre vert, trèfle vert.

ALINE, cultivateur, à la Chapelle-des-Fougerets (Ille-et-Vilaine). — 2e groupe.

2 — Une faulx armée, une sape pour couper le blé.

ALIX (François), rue de La Guerche, à Rennes. — 6e groupe.

3 — Cages.

ALLAIN (Isidore), ébéniste, rue Saint-Georges, à Rennes. — 6e groupe.

4 — Un fauteuil chêne sculpté.

APERT, peintre en voitures, rue du Mail, à Rennes.— 4e groupe.

5 — Un tableau d'armoiries.

ARCHELAIS. — 1er groupe.

6 — Eau Archelais, contre la chûte des cheveux.

ARON, à Nantes. — 1er groupe.

7 — Liqueurs variées.

ARONDEL (Désiré), cultivateur, à Amanlis (Ille-et-Vilaine). — 2e groupe.

8 — Deux paquets de filasse de chanvre.

ARTHUR (Jules), à l'Ecole normale de Rennes. — 2e groupe.

9 — Ignames, disettes, pommes de terre.

ARTHUR, place de la Halle-aux-Blés, Rennes. — 3e groupe.

10 — Pompes à épuisements.

AUBERT (Emmanuel), à Romillé. — 6e groupe.

11 — Un reliquaire en bois.

AUBERT (Pierre), à Romillé. — 6e groupe.

12 — Panneaux d'une chaire à prêcher, style gothique.

AUBRÉE, apprenti horloger, à Rennes. — 3e groupe.

13 — Ebauche d'un pignon.

AUMONT, à Granville. — 1er groupe.

14 — Huîtres marinées.

AUTIN, chapelier, quai d'Orléans, à Rennes. — 6e groupe.

15 — Toques d'enfants et casquettes.

B

BACIOCCHI (S. A. Mme la princesse), au châlet de Corn-er-Houët (Morbihan). — 1er groupe.

16 — Échantillons de minéralogie du Morbihan.

2e groupe.

17 — Produits divers de la culture des landes de Corn-er-Houët; céréales en épis et en grains, tabac, choux-cavalier, choux-navet, rutabagas, etc.

BAILLARGEON, quai Saint-Martin, à Rennes. — 3e groupe.

18 — Deux nettoyages pour minoteries.

BAILLET, à Lorient. — (3e groupe).

18 *bis*. — Un petit navire avec ses agrès.

BALESTIÉ, à Concarneau (Finistère). — 1er groupe.

19 Sardines à l'huile.

BARBIER, forgeron, pont Saint-Martin, à Rennes. — 3e groupe.

20 — Outils de menuisier, de tailleur de pierres, de tonnelier; faulx.

BARET, rue du Four-du-Chapitre, à Rennes. — 4e groupe.

21 — Plan de la Gare; tableau de calligraphie.

BATARD, fabricant, à Laval. — 2e groupe.

22 — Trois paires de chasses à caribari.

BAUCHET, à Rennes. — 5e groupe.

23 — Bonneterie.

C. BEAULIEU, à Saint-Malo. — 5e groupe.

24 — Soies teintes.

BEHOUR (Pierre), à Vitré. — 6e groupe.

25 — Une paire de brodequins.

BEILLARD (Julien), à Bruz (Ille-et-Vilaine). — 2e groupe.

26 — Deux paquets de blé en épis.

A. BELIN, dessinateur en cheveux, au Mans. — 6e groupe.

27 — Ouvrages en cheveux; bracelets; ornements de tout genre.

BELLANGER ET GAUTRE, arquebusiers, à Angers. — 3e groupe.

28 — Un fusil avec chiens à arrêt.

BELLOIR ET BESNARD, à Angers. — 2e groupe.

29 — Huit poignées échantillons de chanvre brayé; trois paquets de poupées de chanvre brayé; un paquet de poupées apprêtées.

BELLOIR, cultivateur, fabricant, à Amanlis (Ille-et-Vilaine). — 2e groupe.

30 — Deux toiles en chanvre quatre fils.

BELLOIR, instituteur, à Bruz (Ille-et-Vilaine). — 2e groupe.

31 — Deux paquets de blé momie, en épis.

BENDERITTER, à Saint-Malo. — 4e groupe.

32 — Lithographies encadrées.

BERTHELOT (Hippolyte), rue de la Monnaie, à Rennes. — 6e groupe.

33 — Chaussures pour hommes.

BESNARD, à Angers. — 2e groupe.

34 — Peignes pour filasses; nouveaux et anciens systèmes.

BESQUEUT, à Trédion et Lanvaux. — 3e groupe.

35 — Fontes de première fusion.

36 — Ardoises en fonte.

BESSE (P.), à Châteaubriant. — 1er groupe.

37 — Peaux mégissées.

BESSEC (Mme), rue d'Estrées, à Rennes. — 5e groupe.

38 — Lingerie et confection.

BESSEC-LAPORTE, miroitier-doreur, rue de la Trinité, à Rennes.

39 — Une glace.

BEZANÇON (Mlle), rue Saint-Malo, à Rennes. — 5e groupe.

40 — Tapisserie.

Nota. Mlle Bezançon est âgée de 7 ans.

BEZANÇON, rue Saint-Malo, à Rennes. — 3e groupe.

41 — Chaudronnerie en cuivre.

BISBAL, rue de la Visitation, à Rennes. — 2e groupe.

42 — Une cheminée ornée et à bouches de chaleur.

43 — Un modele de fourneau pour cuisine.

BLANDIN, à Avranches. — 6e groupe.

44 — Pelleteries.

Le même. — 5e groupe.

45 — Laines blanchies.

Le même. — 1er groupe.

46 — Peaux blanches pour ganterie, pianos, pharmacies ; — *idem*, demi-fermes, pour cordonniers ; — basanes pour cordonnerie et reliure; — basanes étirées à cordonnier et reliure.

BODIER-GENDRY, rue Champ-Dolent, à Rennes. — 1er groupe.

47 — Amidon.

BODIN, directeur de l'Ecole d'agriculture, aux Trois-Croix. — 2e groupe.

48 — Instruments et machines agricoles qui ne concourent pas. (Dans la cour du Lycée.)

Le même.

49 — Fromages.

BOLOGNESI (Angelo), à Saumur. — 1er groupe.

50 — Liqueurs : Elixirs Raspail, Royal, Impérial, de Garibaldi.

BONNEFOY (Louis), à Rennes. — 4e groupe.

51 — Œufs en granite poli.

BONNEL, luthier à Rennes, rue Impériale. — 4e groupe.

52 — Une montre lutheries diverses.

BOULLIER, bottier, rue de Berlin, à Rennes. — 6e groupe.

53 — Chaussures pour hommes.

BOURBET, rue Champ-Dolent, Rennes. — 1er groupe.

54 — Amidon.

55 — Chandelle économique.

BOURGUIGNOLLE, à Rosporden. — 2e groupe.

56 — Echantillon de farine.

BOURNHOET (André), à Saint-Quentin, près Ducey (Manche).

57 — Deux tableaux en rustique.

BOUTTIER (Mlle), à Rennes. — 5e groupe.

58 — Couverture de coton en tricot.

BRAOUÉZEC, à Morlaix (Finistère). — 1er groupe.

59 — Orge maltée, sirops et liqueurs, eau-de-vie de miel.

BRESSLER, facteur de pianos, à Nantes. — 5e groupe.

60 — Pianos droits.

BRIAND (Mme), cordonnerie pour femmes, rue de Toulouse, à Rennes.

61 — Chaussures pour femmes.

BRIFFAULT, naturaliste, rue Louis-Philippe, à Rennes. — 6e groupe.

62 — Animaux empaillés.

BRISGAULT frères, à Cinq-Mars-la-Pile (Indre-et-Loire). — 3e groupe.

63 — Paires de meules pour meûnerie.

BRONDET-GUEGAN, Rennes. — 1er groupe.

64 — Bandages, ceintures et appareils d'orthopédie.

BRUÈRE-PERIN, rue de Brilhac, fabricant de gants, Rennes. — 6e groupe.

65 — Ganterie.

Le même. — 1er groupe.

66 — Parfumeries diverses.

BRUGALÉ aîné, à Rennes. — 5e groupe.

67 — Ouates et coton teint pour fleurs.

BRUNET, maréchal-ferrant, à Poligné (Ille-et-Vilaine). — 3e groupe.

68 — Fers à chevaux.

C

CALLAUD, horloger, à Nantes. — 3e groupe.

69 — Piles électriques à courant constant.

CARRISSANT, à Rennes, — 5e groupe.

70 — Broderies et coiffes.

CARBONNEL (Pierre), à Regneville, près Coutances.

71 — Tableaux d'huitriculture.

CAROF, à Ploudalmezeau (Finistère). — 1er groupe.

72 — Produits chimiques.

CASSARD et TERROL, fabricants, à Nantes. — 1er groupe.

73 — Deux machines à battre.

74 — Un pressoir.

CATEL (Ch.), imprimeur à Rennes, place du Champ-Jacquet. — 4e groupe.

75 — Œuvres typographiques.

CATESSON, formier, rue Saint-Georges, à Rennes.— 6e groupe.

75 *bis* — Formes diverses.

CATTOIS, au Mans. — 1er groupe.

76 — Amidon et fécule.

CENOF, à Bourg-des-Comptes (Ille-et-Vilaine).

77 — Blé en épis.

CERIZAY (Jules), entrepreneur de travaux de drainage, à Laval

78 — Deux plans de drainage, un plan d'irrigation.

CHALAIN, à Poligné (Ille-et-Vilaine). — 3e groupe.

79 — Exploitation des carrières d'ardoises de Riadon, tables, bancs, urinoirs, pavés, ardoises, caisses à orangers.

CHALMEL, à Rennes, rue de Brest. — 1er groupe.

80 — Cuirs pour bourrelerie, courroies de mécanique et harnais.

CHAMBRE, à Neuvillette-en-Charnie (Sarthe).— 1er groupe.

81 — Poterie et objets d'art en terre cuite.

CHAMPION, fabricant, à Châteaugiron (Ille-et-Vilaine).—2e groupe.

82 — Huit toiles à voiles en fil de chanvre du pays, à la main, façon Russie, 0 à 7; une toile, *id.*, dite à navires (brevet de Le Fromage, à Darnetal).

CHASSEBŒUF, arquebusier, galerie Meret (ateliers ruelle de la Palestine).

83 — Un fusil ; douilles de cartouches et cartouches d'un système nouveau et de son invention.

CHAUVEAU-RONDEAU, à la Ferté-Bernard.

84 — Une paire meules de meûnerie.

CHAUVEL, peintre sur verre, rue du Château, à Vitré.—1e groupe.

84 *bis* — Cinq médaillons sur verre, savoir : un saint André ; un saint Pierre ; une Vierge à la Chaise ; un Christ ; un Le Poussin.

CHAUVIN, maréchal-taillandier, à Dourdain. — 3e groupe.

85 — Outils de charpentiers et de sabotiers.

CHAUVIN, potier d'étain, rue de Clisson, à Rennes.

86 — Clyso-pompes, canettes avec couvercles d'étain.

CHAZERAULT, rue de Nantes, à Rennes. — 1er groupe.

87 — Semoule, vermicelle, macaronis et lazagnes.

CHENEL, doreur sur métaux, à Rennes, place Saint-Germain. — 3e groupe.

88 — Bronzes dorés et argentés par procédé Ruolz.

CHEVALIER (Mlle Marie), rue Saint-Georges, à Rennes.

89 — Une corbeille fleurs artificielles.

CHEVASSU, horloger, à Brest. — 3e groupe.

90 — Montres ; chronomètre.

CHOQUENÉ (Louis), fabricant, à Janzé (Ille-et-Vil.).— 2e groupe.

91 — Tuyaux de drainage.

CLOTTEAU (Mlle Fanny), place des Lices, à Rennes.

92 — Objets en perles ; écrans ; dessous de lampes.

COCHARD, fabricant de mesures de capacité, à Nantes.

93 — Série de mesures garnies en cuivre.

COCHEU, relieur, rue Louis-Philippe, à Rennes.— 6e groupe.

94 — Reliures diverses.

COINTREAU, à Angers. — 1er groupe.

95 — Guignolet et liqueurs variées.

COLLIN (Ambroise), rue Saint-Germain, à Rennes.

96 — Sabots divers.

COIGNARD et FERRON, à Laval. — 5e groupe.

97 — Poupettes et catioles brodées.

COMBIER-DESTRE, à Saumur. — 1er groupe.

98 — Elixir Raspail; liqueurs variées.

CORMERAIS, à Nantes. — 1er groupe.

99 — Produits chimiques et pharmaceutiques.

CORNIGUEL. — 1er groupe.

100 — Cuirs lissés, croupons, veaux cirés et jaunes, veaux fermes et cheval.

COTTO, rue de Brest, à Rennes. — 1er groupe.

101 — Corroieries diverses.

COUDÉ, à Rennes. — Fours à chaux de Lormandière, près Rennes (Société des). — 1er groupe.

102 — Calcaire, sablon et chaux.

Le même. — 2e groupe.

103 — Calcaire et sablon pour l'agriculture.

COURTAULT père, boulevard Champ-Dolent, à Rennes.

104 — Colonnes de nettoyage (pour minoterie) à cylindre vertical.

COURTAULT fils, boulevard du Champ-Dolent. — 3e groupe.

105 — Râpe à pommes, système nouveau.

COURTEL (Mlle Mathurine), à Saint-Caradec (Côtes-du-Nord).

106 — Cinq écheveaux de fil de lin, à la main, pour dentelle.

CRUCHEL aîné et Cie, à Tubœuf, près Plélan. — 1er groupe.

107 — Farines.

D

DAGNIÈRE, à Angers. — 1er groupe.

108 — Bougie stéarique.

DANION, mécanicien à Lambezellec.

109 — Romaine et balance.

DAURIO, employé à la Préfecture d'Ille-et-Vilaine, à Rennes.— 4e groupe.

110 — Deux cartes cantonales autographiées.

DAUVERNE, à Fougères. — 6e groupe.

111 — Une étagère gothique.

DAVEU (Julien), à Rennes. — 1er groupe.

112 — Cirage dit de Bretagne.

DE BÉRU (Mme veuve), à Pléchâtel (Ille-et-Vilaine). — 2e groupe.

113 — Socs, épaules pour charrues, garnitures de tarares, auges pour porcs et chevaux, en fonte.

DAYRE-NIETO, fabricant de bascules, à Nantes.

114, 115 — Bascules diverses, dont une pour peser les bestiaux.

DE CHATEAUBOURG (cte), à Mézières (Ille-et-Vilaine).— 2e groupe.

116 — Disettes, carottes à collet vert.

DE CHATEAUVIEUX (Mlle), à Saint-Melaine (Ille-et-Vilaine.) — 2e groupe.

117 — Un plan de drainage.

DE CINTRÉ D'ORGÈRES (le vicomte). — 2e groupe.

118 — Trois échantillons de blé du Mesnil et Jacquin, en épis.

DE GIRARD DE CHATEAUVIEUX, propriétaire à Saint-Melaine (Ille-et-Vilaine). — 2e groupe.

119 — Choux cavalier et branchu, disettes, sorgho.

Le même. — 2e groupe.

120 — Tombereau mécanique.

DE KERMAREC, à Quelern, en Roscanvel, par Crozon (Finistère). — 1er groupe.

121 — Briques creuses.

DE BON, commissaire de la marine à Saint-Servan. — 2e groupe.

122 — Exposition d'huitriculture.

DE FAILLY (le comte), à Bourberouge (Manche). — 3e groupe.

123 — Diverses fontes de première fusion ; engrenages.

DE LA LANDE-SAULGEOT, rue de Toulouse, à Rennes. — 5e groupe.

124 — Lingerie ; machine à coudre. (Dans la galerie ouest, 1er étage.)

DELAMAZURE (Hippolyte), forgeron, à Andouillé (Mayenne). 2e groupe.

125 — Diverses charrues.

DELATOUCHE ET ROUSSIGNÉ, à Rennes. — 1er groupe.

126 — Corroieries, cuirs forts et vaches lissées.

DE LISLE-BRICE (Mme veuve), négociant, à Rennes. — 2e groupe.

127 — Expositions diverses de beurre.

DE LOUCHE (Mme veuve), à Vannes (Morbihan). — 1er groupe.

128 — Articles de chocolaterie.

DELYS, à Rennes. — 1er groupe.

129 — Bœuf, vache et veau en croûte; mouton et bazanes ; cuirs sciés ; chamoiserie ; dégras.

DE RENANCOURT, à Nantes. — 1er groupe.

130 — Vermicelles, macaronis et pâtes de fantaisie.

DEROCHE, ferblantier à Rennes, rue du Four-du-Chapitre. — 3e groupe.

131 — Niche ornée, fontaine pour lavoir, girouettes ornées, lanterne de sacristie, cierges d'église.

DESBOIS-RICHARD, à Angers. — 3e groupe.

132 — Toiles imperméables. (Dans la cour du Lycée.)

DESDOITS, mécanicien, à Nantes. — 3e groupe.

133 — Pompes nouveau système, pour service simultané des maisons, arrosements et incendies : bascules.

DESGRÉS fils, à Bain. — 1er groupe.

134 — Bazanes et chèvres en poil.

DESGUEZ, cultivateur, à Noyal-sur-Vilaine.

135 — Disettes, choux cavalier, blés en épis de six années de récoltes.

DESHOMMES (Joseph), fabricant rural, à Noyal-sur-Vilaine.

136 — Sept toiles en lin, nos 1 à 6; une toile en lin en 1300; une toile en chanvre en 1400.

DESHOMMES, fabricant rural, à Noyal-sous-Vitré.

137 — Un paquet de fil de chanvre lessivé, pour chaîne; un paquet de fil de chanvre blanchi, pour chaîne; un paquet de fil de lin lessivé, pour chaîne.

DEVILLERS (Eugène), rue Vasselot, à Rennes. — 6e groupe.

138 — Collection de pipes hygiéniques perfectionnées, en bois et à double fond, en ébène.

DEVY (Joseph), fabricant rural, à Châteaugiron.

139 — Une toile mélis simple grise.

DIOT-CAREL et FOUCHE, au Mans. — 3e groupe.

139 *bis*. — Modèles de coins pour chemin de fer.

DOMALAIN, à Rennes. — 5e groupe.

140 — Chemises et lingeries.

DOMINIQUE, à Laval. — 5e groupe.

141 — Cotons filés teints.

DOUAT, à Nantes. — 2e groupe.

142 — Phosphate azoté, assimilable.

DOUILLET (Charles), à Grand-Vallay, près Dinan, forges de la Vallée-de-Bretagne. — 3e groupe.

143 — Clous divers en fer, cuivre, zinc.

DROUILLEAU, à Changé, près Laval (Mayenne). — 1er groupe.

144 — Briques et carreaux.

DUBOIS, à Rennes. — 1er groupe.

145 — Peau de mouton teinte en jaune.

DUBREUIL, à Brest. — 1er groupe.

146 — Chocolats de la Compagnie espagnole.

DUCREST-LORGERIL, à Coësmes (Ille-et-Vilaine).

147 — Engrais artificiels.

Le même.

148 — Deux paquets de filasse de lin de sa récolte, apprêtée.

DUFEUIL (Emmanuel), de la Chapelle-Chaussée, aveugle. — 6e groupe.

149 — Un fauteuil en cerisier.

DUHIL, à Fougères. — 5e groupe.

150 — Laines teintes pour tricot.

DUVAL, à Pacé.

151 — Disettes et navets.

DUVAL (E.), directeur des forges de Paimpont. — 3e groupe.

152 — Minerai de fer ; fontes ; fer travaillé et fer ébauché ; clouteries.

153 — Chaînes pour la marine.

E

EVIN, au Bois-Glaume (Servon).

154 — Ardoises.

ERARD (Théodore) et TROUVÉ (Victor), fondeurs-fabricants, à Lorient.

155 — Deux charrues avec ou sans avant-train.

F

FEILLET ET PRINVEILLE (Mlles), rue Châteaurenault, à Rennes. — 5e groupe.

156 — Lingerie.

FERCHAUD-LEMAUVIEL, ébéniste, rue de la Halle-aux-Blés, à Rennes. — 6e groupe.

157 — Un bureau piano.

FERRAND (Désiré), carrefour Jouaust, à Rennes. — 5e groupe.

158 — Un métier à tisser.

FICQUEMONT, tapissier, rue de Montfort, à Rennes.

158 *bis* — Rideaux et ornements ayant servi en 1858, à la chambre de l'Impératrice, dans la préfecture d'Ille-et-Vilaine; meubles divers.

FILLY ET BILLOT, rue de Gaillon, à Rennes. — 3e groupe.

159 — Une locomobile ; un plan de nettoyage.

Les mêmes. — 3e groupe.

160 — Projet de canon revolver.

FOLIE, fabricant d'ornements d'église, rue d'Antrain, à Rennes. — 5e groupe.

161 — Chasubles brodées; lustres en cristal. (Ces lustres sont dans la grande cour vitrée.)

FORGET (Jh.), à Fougères. — 2e groupe.

162 — Chaux.

FORTIN (Constant), à Châteaugiron (Ille-et-Vilaine). — 2e groupe.

FOUCAULT et FRÉBAULD, à Saint-Malo.

Câbles pour la marine, provenant des forges de Paimpont. (Voir le n° 153.)

163 — Disettes, navets, pommes de terre, carottes, oignons.

FOUGERAY, à Rennes, place du Champ-Jacquet. — 4e groupe.

164 — Reliures diverses.

FOURNOL-PAGIS, rue de Toulouse, à Rennes. — 6e groupe.

165 — Ombrelles et parapluies.

FOURNEAU, ferblantier, à Saint-Malo.

166 — Lettres d'enseignes en zinc étamé.

FRUNEAU, pharmacien, à Nantes. — 1er groupe.

167 — Papier Fruneau contre l'asthme.

FUSTEC (Jean-Pierre), à Brest. — 6e groupe.

168 — Deux corbeilles à ouvrage en bois découpé.

G

GAIDDON, menuisier en voitures, ruelle de la Paillette, à Rennes.

169 — Bois cintrés pour timons.

GAILLARD-BRIAND, à Nantes. — 1er groupe.

170 — Deux sacs orge.

GALICE (Gaëtan), au Luc (Var). — 1er groupe.

171 — Machine à boucher les bouteilles.

GALLAUD, horloger à Nantes. — 3e groupe.

172 — Horlogerie, bijouterie.

GARDAHAUT (Mlle Anne), à Ploërmel (Morbihan). — 5e groupe.

173 — Chemises faites et piquées à la main.

GATEL (Mme veuve Michel), cultivatrice à Châteaubourg (Ille-et-Vilaine). — 2e groupe.

174 — Deux toiles en chanvre, rondelette.

GAUDAIS fils, à Nantes. — 1er groupe.

175 — Liqueurs en cruchons.

GEORGES, jardinier en chef du Jardin-des-Plantes, à Rennes.

176 — Collection de céréales en épis et en grains; *idem* de pommes de terre; *idem* de haricots.

GERARD, ferblantier à Rennes.

177 — Horloge à eau.

178 — Pinacles, lanterne de sacristie.

GIFFART, serrurier à Rennes, rue aux Foulons. — 3e groupe.

179 — Sonnettes électriques.

GILBERT, filassier à Rennes. — 2e groupe.

180 — Six paquets de poupées de chanvre et de lin du pays, apprêtés.

GILBERT (Mlle), rue Du Guesclin, à Rennes. — 6e groupe.

181 — Trois pots de fleurs; trois jardinières.

182 — Quatre fauteuils.

183 — Un col en perles.

GILBERT-SANSON, fabricant rural à Châteaugiron (Ille-et-Vilaine). — 2e groupe.

184 — Toiles en chanvre n° 1, fil simple, et n° 2, fil simple.

GILET, menuisier, rue de Corbin, à Rennes. — 3e groupe.

185 — Croisée et persiennes à fermetures système Cairol.

GILLE, horloger à Brest. — 3e groupe.

186 — Deux pendules.

GINGUENE (Pierre), fabricant rural a Châteaugiron (Ille-et-Vilaine). — 2e groupe.

187 — Un paquet de fil blanc; un paquet de fil gris.

Le même. — 2e groupe.

188 — Quatre toiles : deux mélis simple blanc et gris, une 4 fils, une 6 fils.

GIRANDIÈRE, à Rennes, rue d'Antrain. — 1er groupe.

189 — Faïence et poterie de jardinage.

GITTON-LEFRANC, carrefour Jouaust, à Rennes. — 5e groupe.

190 — Métier Jacquart à tisser la laine.

191 — Schals; Dentelles.

GOBAILLE, à Saint-Brieuc. — 1er groupe.

192 — Bonbons.

GODARD (Charles), négociant, à Nantes. — 2e groupe.

193 — Deux barattes mécaniques.

GOUBIN (E.), à Daoulas (Finistère). — 1er groupe.

194 — Porcelaine dure, allant au feu.

GOUGEON (L.-F.), bottier, rue du Four-du-Chapitre, à Rennes. — 2e groupe.

195 — Brodequins et autres chaussures pour hommes et pour femmes.

GRENIER (aîné), fabricant, à Rennes.

196 — Une machine à battre.

197 — Six araires.

198 — Une baratte.

199 — Un coupe-racines.

200 — Un tarare perfectionné.

201 — Un hache-paille.

GROUT (P.), à Saint-Malo. — 6e groupe.

202 — Corroieries diverses.

GUÉRARD-DESLAURIERS (F.), fabricant, à Caen. — 2e groupe.

203 — Instruments de drainage (autour du groupe des cultures de S. A. Mme la princesse Baciocchi).

GUÉRAULT (Jean-Marie), fabricant, à Châteaugiron (Ille-et-Vilaine). — 2e groupe.

204 — Un paquet de fil blanc, un paquet de fil gris.

Le même. — 2e groupe.

205 — Une toile six fils.

206 — Une toile quatre fils.

207 — Une toile mélis simple gris.

208 — Une toile quatre fils trente, blanche.

GUÉRIN (Jean-Marie), port Saint-Yves, à Rennes. — 6e groupe.

209 — Un lit en marqueterie.

210 — Une table de nuit en marqueterie.

211 — Une commode en marqueterie.

212 — Un secrétaire en marqueterie.

GUEUZEL, FOUCAULT (E.), à Rennes. — 1er groupe.

213 — Mégisseries diverses.

GUICHARD, à Saint-Pierre-la-Cour (Mayenne). — 2e groupe.

214 — Pierre calcaire et chaux.

GUICHARD (Adolphe), rue de Paris, à Rennes. — 6e groupe.

215 — Pipes en bois.

GUILLET, faubourg de La Guerche, à Rennes. — 2e groupe.

216 — Boulons pour la mécanique et la carrosserie (de sa fabrique).

GUILMER, à Morlaix, 5e groupe.

217 — Impression d'empreintes de feuilles de végétaux.

GUINÉ, fabricant, à Châteaugiron (Ille-et-Vilaine). — 2e groupe.

218 — Quatre tarares.

GUY (Jean-Marie), cultivateur, à Châteaugiron (Ille-et-Vilaine). 2e groupe.

219 — Quatre toiles en chanvre, rondelettes.

GUY et MANCEL, route de Redon, Rennes. — 3e groupe.

220 — Fonte de deuxième fusion, roues d'engrenage et de wagons, etc.

GUYOT (Ange), place des Lices, à Rennes. — 3e groupe.

221 — Plaques en fonte avec inscriptions en relief.

H

HAMON (Victor), à Saint-Hilaire-du-Harcouët. — 5e groupe.

222 — Laines pour tricots.

HARDY, carrossier, quai de l'Université, à Rennes.— 3e groupe.

223 — Une calèche garnie.

HAZARD (Joseph), Pré-Botté, à Rennes.

224 — Sabots divers.

HERMANT, fabricant, à Rennes, route de Redon.— 6e groupe.

225 — Papiers peints.

HERNOT (Yves), à Lannion. — 4e groupe.

226 — Deux croix avec christ, en granit. (Ces croix sont dans la grande cour du Lycée.)

HERVOCHON, rue du Lycée, à Rennes.

227 — Chef-d'œuvre en ardoises.

HESSE (Mlle Joséphine), vau St-Germain, à Rennes.— 6e groupe.

228 — Une couverture de lit.

HEUZÉ, quai d'Ille-et-Rance, à Rennes. — 1er groupe.

229 — Bois de sapin.

HÉVIN, à Servon (Ille-et-Vilaine). — 3e groupe.

230 — Ardoises.

HIRT, fabricant d'horlogerie, à Nantes. — 3e groupe.

231 — Trois horloges pour clochers.

232 — Spécimens de roues d'engrenage. (Les horloges sont dans la cour vitrée.)

HISTA, coiffeur-parfumeur, place du Palais, à Rennes.

233 — Chemises.

HOUDBERT et PAUMEAU, à Doué (Maine-et-Loire). — 2e groupe.

234 — Engrais.

HUE-BEAULIEU, à Saint-Aubin-des-Landes. — 3e groupe.

235 — Ardoises.

HUSSON, quai Jean-Bart, à Nantes. — 6e groupe.

236 — Glaces.

J

JAN, fabricant bimbelotier, rue Vasselot, à Rennes.— 6e groupe.

237 — Jouets d'enfants.

JARRY (Joseph), à Mayenne. — 2e groupe.

238 — Guano artificiel, noir animal, noir animalisé, noir d'os pulvérisés.

JENNEY (Julien), à Châteaugiron (Ille-et-Vilaine).— 2e groupe.

239 — Deux pièces de toile.

JOLY, à Saint-Malo. — 3e groupe.

240 — Cordages pour manœuvres courantes et pour haubans ; une pièce de ralingue.

240 *bis* — Une pièce manille pour manœuvres courantes.

JOUANNE, rue Louis-Philippe, à Rennes. — 3e groupe.

241 — Une calèche.

JOUANIN (Charles), minotier, à Apigné (Ille-et-Vil.).— 2e groupe.

242 — Pommes de terre, sorgho, disettes.

JOUZEL-ARONDEL, cultivateur-fabricant, à Amanlis (Ille-et-Vilaine). — 2e groupe.

243 — Un paquet de chanvre lessivé pour trame.

244 — *Idem* pour chaîne.

245 — *Idem* blanchi pour trame.

246 — *Idem* pour chaîne.

247 — Une toile nº 2, fil simple.

248 — Une toile nº 2, fil double.

JUHEL, femme Jehannet, à Rennes. — 6ᵉ groupe.

249. — Quatre châles mérinos.

JUPIN, à La Flèche. — 1ᵉʳ groupe.

250 — Colle forte.

JUSSEAUME, fumiste, constructeur, à Nantes.

251 — Une buanderie de ferme.

252 — Un fourneau pour cuisine de ferme et cuisson des racines.

253 — Un cuit-racines, servant à faire lessive.

Le même. — 1ᵉʳ groupe.

254 — Fourneaux et appareils de chauffage ;

255 — Serre chaude (dans le jardin).

K

KERVELLA fils, artificier, rue Leperdit, à Rennes.

256 — Fusées volantes sans baguettes ; pièces diverses d'artifice.

L

LA BESSIÈRE (L.-F.). — 4ᵉ groupe.

257 — Tableau historique de l'Anjou.

258 — Fragments de l'armorial des évêques d'Angers.

LAINÉ frères, à Angers. — 4ᵉ groupe.

259 — Album vendéen.

LANCELOT (François), cultivateur, à Venèfles (Ille-et-Vilaine). 2e groupe.

260 — Deux paquets de filasse de chanvre.

LANDRIN, carrossier, à Nantes. — 3e groupe.

261 — Phaëton à chemin de fer pour le changement des siéges.

262 — Courroies sans couture.

263 — Harnais double cuir, sans couture.

LANOÉ, quai de l'Université, à Rennes. — 6e groupe.

264 — Un sommier élastique.

LATOUCHE-ROGER (A.), fils, à Avranches. — 1er groupe.

265 — Vachettes en croûte, cuir de Hongrie.

LECHAT (Christophe-Joseph), desservant à Neuvillette (Sarthe). 6e groupe.

266 — Etagère avec sculptures gothiques.

LÉCHEVIN DE PRÉVOISIN, à Saint-Servan. — 1er groupe.

267 — Bière d'après un nouveau procédé.

LECOMTE, à Pacé (Ille-et-Vilaine). — 2e groupe.

268 — Pois de Russie; lentilles blondes; froment d'Egypte, pommes de terre.

LECONTE-BOHARD, horloger, place du Palais, à Rennes. — 3e groupe.

269 — Pendules à compteur, à répétition et à réveil, montre-réveil de son invention.

LEFRANC, à Pontorson. — 1er groupe.

270 — Fleurs et plantes médicinales, préparées et conservées par un nouveau procédé.

LEGEAIS, marchand d'engrais, à Rennes. — 2e groupe.

271 — Œillette, sorgho, chanvre vert, choux, disettes, sarrasin, pommes de terre; échantillons de blés en grains fumés avec des cendres pyriteuses.

LEGENDRE, rue Châteaurenault, à Rennes. — 1er groupe.

272 — Bonbons, sirops, compotes ; articles de confiseur.

LEGENDRE fils (Louis), cultivateur, à Saint-James (Manche).

273 — Une baratte mécanique.

LEGLAS (Maurice), à Nantes. — [illegible]e groupe.

274 — Ameublement Louis XV ; meubles style Renaissance, glace et console bois doré ;

275 — Baromètre bois sculpté.

LEGROS (Mme veuve Gilles), cultivatrice à Châteaubourg (Ille-et-Vilaine). — 2e groupe.

276 — Un paquet de filasse de chanvre.

LEGUÉ, à Saumur. — 2e groupe.

277 — Une baratte économique.

LEGUEREAU, carrossier, rue d'Antrain, à Rennes. — 3e groupe.

278 — Une calèche non garnie ; un omnibus.

LEGUEREAU-TIZON, chantier du Mail, à Rennes. — 3e groupe.

279 — Assortiment de boulons de sa fabrique.

LEJARIEL, à Saint-Grégoire (Ille-et-Vilaine). — 2e groupe.

280 — Calcaires et sablons coquilliers.

LE JEAN, à Landéan, près Fougères. — 1er groupe.

281 — Poterie de ménage ; briques ; tuyaux de drainage ; pots à fleurs.

LEJEUNE et NEVEU, à Brest. — 1er groupe.

282 — Cuirs de vache en croûte.

LEMARCHAND, rue de Toulouse, à Rennes. — 5e groupe.

283 — Chemises ; confection, broderies, etc.

LE MÉTAYER, à Rennes. — 1er groupe.

284 — Brides de sabots.

LEMOINE-GUESDON, rue de Toulouse, n° 1, à Rennes. — 5e groupe.

285 — Divers tricots à la main.

LEMOINE père, LEMOINE fils (Félix et Henri), à Nantes. — 8e groupe.

286 — Ornements pontificaux de l'évêque d'Angers; *idem* de Mgr Jacquet, évêque de Nantes; *idem* de Mgr Morlot, archevêque de Paris; mîtres de l'évêque d'Angers et de l'évêque de Nantes.

LENÉE, à Rennes. — 1er groupe.

287 — Veaux cirés et veaux blancs; cheval; croupons, vache en huile.

LÉONARD (Mlle), à Rennes. — 5e groupe.

288 — Broderies; chemises.

LEPONTOIS, à Larmor-Baden, près Vannes. — 1er groupe.

289 — Sel marin.

LEPONTOIS (Auguste), à Lorient.

290 — Deux semoirs.

LERAY et **CHAMPION**, à Feins.

291 — Sablon calcaire.

E. LEROUX, à Rennes. — 1er groupe.

292 — Cuirs forts et lissés, croupons.

LEROUX (Benjamin), a Nantes.

293 — Guano artificiel.

LE SÉNÉCHAL-LOTERIE, à Dol. — 5e groupe.

294 — Laines teintes, plumes, cornes et crins teints.

LE TAROUILLY (Aug.), à Rennes. — 1er groupe.

295 — Cire blanchie.

LE TISSIER, fabricant de produits chimiques, au Conquet (Finistère). — 1er groupe.

296 — Iode, iodures, soudes de varech.

LEVANNIER fils (Ad.), meunier, à Vannes.

297 — Un trieur mécanique d'ivraie.

LE TESSIER, fabricant de sabots, au Plessis-Gramaire (Maine-et-Loire).

297 *bis*. — Sabots.

Mme LEVÊQUE, à Nantes. — 5e groupe.

298 — Broderies.

LEVAVASSEUR, horloger, à Guingamp. — 3e groupe.

299 — Montres.

LHERMITE (Mlle), à Rennes. — 5e groupe.

300 — Dentelles noires.

LHOMER, à Mayenne. — 1er groupe.

301 — Une redingote en chacal; cuirs de Hongrie, cuir noir plein suif.

LIOTHAUD-GIRARD, à Tours. — 1er groupe.

302 — Riz de la Touraine ; tapioca des Saints-Pères.

LOISONS aîné, à Morlaix.

303 — Un cadre de mouches artificielles.

LORIN (Louis), cultivateur, à Châteaubourg.

304 — Une toile en chanvre, rondelette.

M

MACÉ, à Nantes, gérant de la scierie mécanique. — 4e groupe.

305 — Échantillons de scierie mécanique.

305 *bis*. — Feuilles de parquet.

MACHET, bottier, place du Palais, à Rennes. — 6e groupe.

306 — Chaussures diverses.

MAGNANT, bijoutier, à Rennes, rue Louis-Philippe. — 3e groupe.

307 — Divers bijoux ciselés.

MAGNUS, orfèvre, joaillier, bijoutier, rue de Siam, à Brest. — 3e groupe.

308 — Bijoux.

MAILLET fils, à Quimperlé. — 1er groupe.

309 — Farines.

MAILLEUX, forgeron, à Acigné. — 3e groupe.

310 — Une tranche.

MANOURY (Paul), à Lebisez, près Caen.

311 — Plusieurs échantillons de blé.

MAIRE (X.), à Coësmes (Ille-et-Vilaine). — 3e groupe.

312 — Ardoises cornées, demi-fortes.

MARCHAND, dentiste, rue Napoléon, à Laval. — 3e groupe.

313 — Cadre de dents artificielles.

MARÇAIS (Victor), fabricant de gants, place Tronjolly, à Rennes.

314 — Ganterie.

MARÇAIS, à Angers. — 3e groupe.

315 — Tissus imperméables.

MARCILLE, instituteur, à Livré (Ille-et-Vilaine). — 2e groupe.

316 — Divers produits agricoles.

MARTIN (Mme veuve Pierre), cultivatrice, à Saint-Melaine (Ille-et-Vilaine).

317 — Une toile en chanvre, rondelettes.

MARTIN, rue de Toulouse, à Rennes. — 6e groupe.

318 à 326 — Pelleteries; descentes de lit; renards avec tête; tigre; loup; tabourets; plisse raglan; paletot chèvre; manchons; suédoises; berthes; renard blanc, naturalisé.

MARTIN, route de Redon, à Rennes. — 6e groupe.

327 — Brosseries diverses, de sa fabrique.

MARTIN (P.-J.), à Lassay (Mayenne). — 1er groupe.

328 — Un cuir chair propre; un cuir demi-façon.

MATHONNET, à Saint-Brieuc. — 1er groupe.

329 — Liqueurs variées.

MENIER, à Saumur. — 1er groupe.

330 — Elixir Raspail, vins;

331 — *Id.* des côteaux, liqueurs variées.

MÉTAIRIE, à Montfort. — 1er groupe.

332 — Cuirs forts.

MÉTAYER (Oct.), mécanicien, à Bréal (Ille-et-Vilaine).

333 — Une machine à battre.

334 — Quatre numéros de charrues montées.

335 — Pièces de mécanique.

MINE DE PONT-PÉAN, près Rennes, M. A. Couanier, directeur-gérant. — 1er groupe.

336 — Minerais de plomb et de zinc; préparation des minerais.

MINIAC (Louis), rue Saint-Hélier, à Rennes. — 1er groupe.

337 — Cuirs corroyés.

338 — Amidons.

MIOZÉ (Joseph), à Saint-Etienne-de-Montluc (Loire-Inférieure).

339 — Engrais animalisé, guano artificiel.

MONTIER (veuve), à Rennes. — 5e groupe.

340 — Broderies et confection.

MOREL, fabricant rural, à Noyal-sur-Vilaine.

341 — Sept toiles : un étui, un mélis S, un mélis D, un n° 4, un en 1400, un en 6 fils.

MOREL (François), fabricant rural, à Noyal-sur-Vilaine.

342 — Un paquet de fil de chanvre lessivé pour trame; *idem* pour chaîne; *idem* blanchi pour trame; *idem* pour chaîne.

MOUSSIER, opticien à Nantes.

343 — Verres de lunettes.

N

NEILLY, à Rennes.

344 — Fils divers.

NOVÉ-JOSSERAND, fabricant; à Apigné (Ille-et-Vilaine).

345 — Tuyaux de Drainage.

Le même.

346 — Briques creuses pour constructions.

O

OBERTHUR, à Rennes; imprimerie et lithographie mécaniques; tirage par vapeur.

347 — Lithographies; livres; supplément et table de l'*Armorial de Bretagne*.

Le même.

348 — Registres réglés et reliés dans ses ateliers.

OHRY-REGULIER et Cie, à Angers (Maine-et-Loire). — 1er groupe.

349 — Elixir Brillat-Savarin ; liqueurs variées.

P

PAPION, à Laval. — 6e groupe.

350 — Chapeaux feutre; chapeaux vernis.

PARIS, rue de Nemours, à Rennes. — 5e groupe.

351 — Blouses.

PÉAN (Baptiste), cultivateur à Châteaubourg (Ille-et-Vilaine).

352 — Une toile en chanvre, rondelettes.

PELIEU, à Janzé (Ille-et-Vilaine).

353 — Blé en épis ; lin vert.

PEPIN (Benjamin), à Laval. — 6e groupe.

354 — Une glace vénitienne; six photographies.

PERAUD et MARTIN, à Nantes. — 5e groupe.

355 — Laines teintes et blanches; serge ; tissus anglais dits malfil, pour raffineries et fabriques d'huile.

PERGELINE (Eugène), à Nantes. — 1er groupe.

356 — Vinaigre pur vin.

PERRIER, à Fougères.

357 — Dix poignées échantillons de filasses, lins et chanvres brayés.

PERRIGAULT et Cie, quai de l'Université et Pré-Botté, à Rennes. — 3e groupe.

358 — Meule de meulerie en silex de la Gironde.

359 — Meule de meunerie, faite à Rennes, ayant servi huit mois.

360 — Echantillons de farine.

361 — Plan et description du thermo-aspirateur fonctionnant à Joué, près Rennes.

PERSON-MIOZÉ, à Nantes. — 2e groupe.

362 — Engrais industriels.

PERVENET, fabricant, à Nantes. — 2e groupe.

363 — Une pompe.

PIERRE (Louis), à la Lande-Morin, Rennes.

364 — Disettes, navets, pommes de terre.

PICAN, à Meslay (Mayenne). — 6e groupe.

365 — Médaillons en ivoire.

PIGAULT DE BEAUPRÉ, propriétaire à Piré.

366 — Une sape picarde pour le coupage du blé.

PIGNOLET, de Granville. — 1er groupe.

367 — Conserves d'huîtres marinées et de petits pois à l'anglaise.

PIHUIT-MORCEL, rue de Nemours, à Rennes. — 2e groupe.

368 — Deux paniers sorgho.

PINAULT-BRIZOU, à Rennes. — 1er groupe.

369 — Cuirs forts et cuirs lissés.

PINEL (Guillaume), rue à Rennes.

370 — Fleurs artificielles en coquillages.

PLESSIX, à Vitré. — 2e groupe.

371 Dessins agricoles.

PLIHON, à Meillac.

372 — Trois petits moulins à sarrasin.

POIRIER (Pierre), à Châteaubriant. — 6e groupe.

373 — Chaussures de chasse d'après un procédé spécial.

POULAIN père, fabricant rural à Châteaugiron.

374 — Une toile quatre fils.

PORTEU (Jacques), rue de la Psalette, à Rennes.

375 — Aubergines.

POUTEAU (l'abbé), curé de Saint-Berthevin (Mayenne).

376 — Un semoir.

PRINCE (Louis) et frère, au Mans. — 3e groupe.

377 — Cabinets d'horloge.

Nota. — Dans la cour vitrée.

PRIOUR (Victor), rue Saint-Yves, à Rennes. — groupe.

378 — Une croix gothique.

PUYO, à Châteaulin. — 4e groupe.

379 — Deux tableaux.

RACAPÉ, horloger, rue d'Estrées, à Rennes. — 3e groupe.

380 — Montres à cylindre et à régulateur de son invention.

RAIMONDIÈRE, à Nantes. — 3e groupe.

381 — Machine à tailler les cuirs en sifflet.

382 — Une courroie.

R

RAME (Victor), à Dol. — 1er groupe.

383 — Alcool de betterave.

RAULIN, à Rennes. — 1er groupe.

384 — Cuirs forts.

385 — Baudriers.

386 — Cuirs en croûte.

RAUX, à Nantes. — 1er groupe.

387 — Cuirs jaunes pour la sellerie.

388 — Veaux d°.

389 — Porc préparé (le tout par un système accéléré de tannage).

REY-CHAUVET, passementier, à Nantes.

390 — Passementerie.

RIAUX, à Rennes. — 2e groupe.

391 — Lettres gravées sur bois.

RICHARD (Esther), Dinan. — 5e groupe.

392 — Chappe brodée.

393 — Bourre d'ornement.

RICHE, à Saint-Malo. — 1er groupe.

394 — Huile de foie de morue.

RICHARD, rue de Nemours, 16, à Rennes — 4e groupe.

395 — Carte du departement de l'Eure.

RIELLAN (Mlle Anne), à Thorigné. — 6e groupe.

396 — Blouses.

RIMASSON, pont Saint-Martin, à Rennes. — 3e groupe.

397 — Enclumes.

398 — Outils de terrassiers.

399 — Marteaux à habiller.

ROBERT frères, à Ernée (Mayenne). — 1er groupe.

400 — Peaux de chèvres.

ROCHÉ (Julien), cultivateur, à Servon (Ille-et-Vilaine).

401 — Une toile en chanvre, rondelettes.

ROGER, maréchal-des-logis d'artillerie, à Rennes. — 3e groupe.

402 — Machine à percer.

ROGER, à Brest. — 4e groupe.

403 — Deux tableaux lithographie commerciale.

ROSE, à Châteauneuf (Ille-et-Vilaine). — e groupe.

404 — Une boule d'assemblage.

ROUAUX père, à Rennes, douve de la Visitation. — 4e groupe.

405 — Console sculptée, style Louis XV.

ROUAUX jeune, à Rennes, douve de la Visitation. — 4e groupe.

406 — Un Christ;

407 — Un buste portrait;

408 — Une Psyché.

ROUSSEAU, à Rennes, rue Bertrand.

409 — Deux billards. (Dans la cour vitrée.)

ROUSSELOT, à Nantes. — 1er groupe.

410 — Orge perlée.

ROUSSIN-ELIAS, à Rennes. — 1er groupe.

411 — Orges conservées.

ROUXEL, aux forges d'Orthe (Orne). — 3e groupe.

412 — Fontes de première fusion.

413 — Fers ébauchés.

414 — Roues à engrenages.

415 — Objets d'usage domestique et d'agriculture.

416 — Ecorces à tan.

Le même. — 3e groupe.

417 — Fers et fontes.

ROUXEL-LEDAIN, rue de la Motte-Fablet, à Rennes.

418 — Ornements d'églises : chapes, chasubles, dais, bannières, mîtres.

RIELLAN (Anne), à Thorigné. — 5e groupe.

419 — Blouses.

S

SAMSON, coutelier à Rennes, place des Lices. — 3e groupe.

420 — Outils de jardinage ; serpettes, etc.

SÉBILLE, manufacturier à Nantes. — 3e groupe.

421 — Tuyaux de plomb étamés à l'intérieur et à l'extérieur.

SIMON, rue de Toulouse, à Rennes. — 4e groupe.

422 — Un grand-livre.

SUFFISANT et Cie, à Nantes. — 1er groupe.

423 — Huiles d'allipé, de lin, de colza, de sésame, d'arachide et de niger.

Le même.

424 — Echantillons de tourteaux en farines de lin, colza, niger, arachides.

SYLVAIN, à Tours. — 1er groupe.

425 — Vins.

T

TURPIN et LEMAIGRE, à Châteaubriant. — 3e groupe.

426 — Minoterie à manège.

TULOUP, à Noyal-sur-Vilaine (la Pampille). — 3e groupe.

427 — Ardoises.

TESSIER, à Rennes. — 1er groupe.

428 — Vaches et mâles en croûte.

TEXIER (J.-M.), mécanicien fondeur, à Vitré.

429 — Une locomobile.

430 — Un hache-paille.

431 — Un coupe-racines.

432 — Une charrue.

TEXIER (Louis), fabricant rural, à Châteaugiron.

433 — Un paquet de fil blanc.

TEXIER, fabricant rural, à Châteaugiron.

434 — Une toile 4 fils gris.

435 — Une toile 4 fils 30.

436 — Une toile en 1400.

437 — Une toile mélis sur blanc.

438 — Une toile mélis sur gris.

TEXIER (Pierre), à Piré.

439 — Un paquet de lin vert.

THÉRY, à Lamballe. — 1er groupe.

440 — Mégisseries.

THIBAULT-MESNET, à Cinq-Mars-la-Pele (Indre-et-Loire).

441 — Six paires de meules de meûnerie.

THOMAS, cultivateur, à Bais (Ille-et-Vilaine).

442 — Deux rondelettes ; un mélis double.

THOMAS, peintre, rue de l'Horloge, à Rennes. — 4e groupe.

443 — Une glace ovale ; une rosace, faux marbre.

THUBERT-PERIN, à Fougères. — e groupe.

444 — Laines filées et bonneteries.

TIRET (Baptiste), à Rennes. — 1er groupe.

445 — Bœuf et vache en croûte et veau sec d'huile.

TISSIER aîné et fils, au Conquet (Finistère). — 1er groupe.

446 — Iode ; iodure de potassium et de mercure ; brum ; bromure de potassium ; produits chimiques.

TOUPÉ, tailleur, rue Saint-Michel, a Rennes. — 3e groupe.

417 — Minoterie à bras.

V

VALENTIN-MARTIN, à Rennes. — 1er groupe.

447 — Amidon.

VALIN (Mme), à Rennes. — 1er groupe.

448 — Suif et chandelle.

VALLÉE et fils, à Belle-Ile-en-Terre. — 4e groupe.

449 — Papiers mécaniques.

VALY-MAJOR, forgeron-taillandier, à Vannes.

450 — Six instruments de drainage.

VEILLARD, charron, à Acigné (Ille-et-Vilaine).

451 — Une charrue du pays et deux jougs à bœufs.

VERDET-LEBRUN, au Theil (Orne).

452 — Papiers à la cuve.

VERDUN, outilleur, à Nantes.

453 — Outils pour maréchaux-ferrants.

VERSET aîné, plombier, à Nantes.

454 — Tuyaux cannelés en zinc.

455 — Pompes à régulateur.

VIEL, à Bourban (Acigné). — 3e groupe.

456 — Couteau à sarcler.

VILLOURY, à Rennes. — 1er groupe.

457 — Outils de tanneurs et de corroyeurs.

X

XAVIER, à Coësmes (Ille-et-Vilaine).

458 — Ardoises.

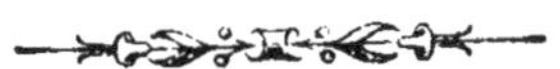

SECTION DES BEAUX-ARTS.

(Galerie au rez-de-chaussée.)

PEINTURES A L'HUILE.

MM.

BESSEC-LAPORTE, peintre en décors et doreur, rue de la Monnaie, à Rennes.

1 — Gibier mort et attributs de chasse.

BIJOU (A.), artiste-peintre, à Quimperlé.

2 — Fileuse bretonne.

3 — Mendiante bretonne.

4 — Pâtres bretons.

BOUET (Georges), artiste-peintre, à Caen.

5 — Souvenir des rochers de Cluy.

6 — Pèlerinage en Bretagne.

7 — Portrait d'enfant, orné de fleurs.

(Voir à l'architecture.)

BRIAND, professeur à l'Ecole municipale de peinture et au Lycée impérial.

8 — Adam et Ève pleurant la mort d'Abel.

9 — Portrait de M. T.

10 — Portrait de M. H.

11 — Portrait de Mme H.

12 — Allégorie relative au voyage de Leurs Majestés Impériales en Bretagne.

DARCY (D.-M.), artiste-peintre, à Angers.

13 — Le retour du zouave (intérieur breton).

14 — Les laveuses (effet du matin).

15 — Plage à marée basse (environs de Boulogne).

16 — Un savant dans son cabinet.

17 — Paysage.

18 — Intérieur breton.

19 — Vieille église en Basse-Bretagne.

20 — Vue prise aux ardoisières (Angers).

21 — La fruitière.

22 — Les pêcheurs.

23 — Paysage (route d'Antrain).

24 — Vue prise à Saint-Barthélemy (environs d'Angers).

25 — Fruits et fleurs (étude).

26 — Plage à marée basse.

27 — Bateau de blanchisseuses (pont Saint-Georges).

28 — Une forge.

(Voir aux dessins).

DE KOCK (Louis), professeur de dessin au collége de Saumur.

29 — Vue prise dans la forêt de Fontainebleau.

30 — Gibier et attributs de chasse.

31 — Perdrix rouge (nature morte).

32 — Bouquet de bois.

33 — Vue prise au bord d'un étang.

34 — Vue du parc de Milly.

DE LATOUCHE (Lucien), peintre, à Saint-Germain-du-Val, près la Flèche.

35 — La croix renversée (épisode de la marche de l'armée vendéenne sur Saint-Florent.)

DE MAUSSION (Mlle Elisa), peintre sur porcelaine.

36 — Jésus-Christ servi par les Anges, d'après Lebrun (prix, 500 fr.).

37 — Jeune femme ornant de fleurs une statue de l'Amour, d'après un tableau du Musée du Louvre (prix, 300 fr.).

38 — Saint-Jean, d'après un tableau du Louvre (prix, 150 fr.).

DESCHAMPS (François), peintre paysagiste, à Nantes.

39 — Vue prise dans les Alpes, au pied du château en ruines de Rochinard (prix, 300 fr.).

40 — Vue du torrent de Breda, sur les frontières de la Savoie (prix, 200 fr.).

41 — Vue prise près de Nantes, rivière d'Erdre (prix, 80 fr.).

42 — Vue d'un marécage, près de Nantes (prix, 60 fr.).

43 — Vue du vallon d'Arvault, près de Nantes (prix, 70 fr.).

44 — Vue du pont Saint-Martin, près de Nantes (prix, 50 fr.).

45 — Vue de la Sèvres et des ruines du château de Tiffauges, fixé (prix, 80 fr.).

46 — Vue de la Sèvres, pendant du précédent, fixé (prix, 70 fr.).

47 — Souvenir des Alpes, fixé (prix, 70 fr.).

48 — Autre souvenir des Alpes, fixé (prix, 50 fr.).

DE SAINT-GENYS (le marquis Arthur), à Angers.

49 — Les foins en Anjou.

50 — La rivière de Quimperlé (Finistère).

DRAKE (Tom.), artiste-peintre, à Angers.

51 — Chevaux attelés à un phaéton.

52 — Le Champ des Martyrs, près d'Auray (Morbihan) (prix, 125 fr.).

53 — La halle d'Auray, où furent jugés les émigrés de Quibéron (prix, 125 fr.).

(Voir aux dessins).

DRAKE (Caroline), artiste-peintre, a Angers.

54 — Vue prise en Vendée.

55 — Vue des côtes de Bretagne.

DUHIL (E.), peintre, à Fougères.

56 — Paysage, briquerie.

57 — Paysage.

58 — Château de Vitré.

(Voir aux dessins.)

GAUTIER (Joseph), peintre-amateur, à Rennes, place Saint-Michel.

59 — Pigeon-ramier, nature morte.

60 — Geai et bruants, nature morte.

61 — Geai, nature morte.

62 — Pivert et petite grive, nature morte.

63 — Grive, pinson et verdier, nature morte.

64 — Mesange, nature morte.

GOUEZOU (B.), artiste-peintre, à Nantes.

65 — 14e station d'un chemin de croix, Jésus au tombeau.

66 — 3e station d'un chemin de croix, Jésus-Christ tombe pour la première fois.

67 — Monarchique, catholique et soldat (prix, 300 fr.).

68 — En pénitence (prix, 120 fr.).

GOUEZOU (Jules), artiste-peintre, à Nantes.

69 — Paysage, effet de neige (80 fr.).

GOUNOUF (Jules), artiste-peintre, à Dinan.

70 — Portraits d'homme.

(Voir aux pastels).

GUILLAUME (Ernest).

71 — Souvenir du Morbihan, pierres druidiques.

JAN (Jules), artiste-peintre, à Cleuné (commune de Rennes).

72 — Le baptême du Christ.

73 — Mme Le Brun et sa fille (copie d'après un tableau de Mme Le Brun, au Louvre).

JOBBÉ-DUVAL, artiste-peintre et doreur, à Rennes, rue Impériale.

74 — Tableau de nature morte où l'on voit un renard.

75 — Tableau de nature morte où l'on voit un héron.

76 — Pigeon-ramier, nature morte.

77 — Fleurs.

78 — Marine.

79 — Paysage.

80 — Paysage.

(Voir aux dessins.)

JOUAULT (Godefroy), peintre-amateur, à Rennes.

81 — Nature morte.

JULIARD (A.), artiste-peintre, à Angers.

82 — Brigand napolitain (prix, 200 fr.).

83 — Portrait de Mlle M.-J.

84 — Portrait du colonel M.

LALOUE (Auguste), artiste-peintre, à Saint-Malo.

85 — Sainte-Marie Madeleine.

86 — Fileuse en défaut.

87 — Vieille ouvrière, vieillesse et labeur.

88 — Jeune ouvrière, jeunesse et rêverie.

LANGLOIS (Albert), artiste-peintre, professeur de dessin, à Rennes, quai de l'Université.

89 — Portrait de l'artiste.

90 — Portrait de Mme L...

91 — Portrait de M....

92 — Portrait de M....

93 — Portrait de M....

94 — Châtelaine à la promenade.

LECHEVALIER (Pierre-Paul), artiste-peintre, à Caen.

95 — Intérieur d'un atelier de peinture (prix 400 fr.).

96 — Une dentellière (prix 150 fr.).

97 — Les premières victimes (prix 150 fr.).

LERIVEREND (Mme Augustine, née Rossignol), peintre, à Saint-Malo.

98 — Portrait de M. C. de B.

(Voir aux pastels.)

MARIONNEAU (Charles), artiste-peintre, à Nantes.

99 — Vendanges dans la Loire-Inférieure (prix 400 fr.).

100 — Le village de Lherbret (Loire-Inférieure) (prix 200 fr.).

101 — Ferme landaise (Gironde) (prix 150 fr.).

102 — Les faucheurs de la Salmonière (prix 300 fr.).

MONGODIN (Victor), artiste-peintre.

103 — Le déjeûner (prix 300 fr.).

104 — Le musicien (prix 250 fr.)

MUSSARD, professeur à l'Ecole municipale de peinture, à Rennes, rue de Viarmes.

105 — Portrait de jeune homme.

NOEL (Louis), artiste-peintre, à Quimper.

106 — Vue prise sur les bords de l'Odet, près Quimper, effet de soleil couchant.

PAILLARD fils (Aristide), artiste-peintre, à Rennes, rue Leperdit.

107 — La Vierge, tableau offert par l'auteur à la Société de Saint-Vincent-de-Paule.

108 — Vue du château de la Roche, près Landerneau (Finistère).

109 — Vue de Gigoulandes mill Valey de Sainte-Marys (Jersey).

(Voir aux pastels.)

PAUFERT (Etienne), peintre de décorations, à Rennes.

110 — Attributs et motifs d'ornement.

111 — *Idem.*

112 — *Idem.*

PICOU (Henri-Jean), peintre, à Nantes.

113 — Anacréon à Samos (sujet tiré d'Hérodote).

PLANCHET (Jules), artiste-peintre, à Rennes.

114 et 115 — Archevêques, peints sur fond d'or, pour la châsse exposée par M. Hérault.

116 — Portrait de M. P. R.

117 — Marie-Antoinette sortant du tribunal révolutionnaire, peint d'après une gravure du tableau de P. de la Roche, la Couleur de souvenir.

QUESNEL (Jean), artiste-peintre, à Caen.

118 — La maîtresse d'école

119 — La laitière normande.

(Voir aux pastels).

ROY (Félix), professeur de peinture et de dessin, à Rennes, quai du Canal.

120 — Atelier d'ouvrières.

121 — Intérieur d'un cabaret breton.

122 — La liseuse.

123 — La couturière.

(Voir aux pastels.)

TANGUY (Louis), peintre-amateur, à Rennes.

124 — La Vierge au milieu des apôtres, le jour de la Pentecôte.

TOTAIN (Lucien), peintre à Nantes.

125 — Le Christ au jardin des Olives.

126 — Portrait de l'artiste.

ANONYME (ateliers de M. Herault).

127 — Station de chemin de croix.

128 — *Id.*

PASTELS.

AMANT (Mme), née Quesnel, à Rennes.

129 — Bouquet.

DE GRISY (Etienne), peintre, à Caen.

130 — Rêverie.

131 — Portrait de Mme M. C.

DE KOCK (Mlle Yvonne), à Saumur.

132 — Gibier et attributs de chasse.

133 — Nature morte.

GOUNOUF (Jules), artiste-peintre, à Dinan.

134 — Assiette de pêches.

(Voir aux peintures à l'huile.)

JOURJON (Mlle Fanny), à Rennes.

135 — Portrait de M. J.

136 — Portrait de Mme J.

137 — Vase de fleurs.

138 — Bouquet.

LE RIVEREND (Mme Augustine, née Rossignol), peintre, à Saint-Malo.

139. — Etude d'après Mme B. de G.

140 — Portrait de Mlle M. de L.

(Voir aux peintures à l'huile.)

PAILLARD fils (Aristide), artiste-peintre, à Rennes, rue Leperdit.

141 — Portrait de M. de la V.

142 — Nature morte.

143 — Déjeûner.

144 — Table couverte de fruits, etc.

(Voir aux peintures à l'huile.)

QUESNEL (Jean), artiste-peintre, à Caen.

145 — Portrait de l'artiste.

146 — Abside de l'église Saint-Pierre, de Caen.

(Voir aux peintures à l'huile).

ROY (Félix), professeur de peinture et de dessin, à Rennes, quai du Canal.

147 — La devideuse.

148 — La tricoteuse.

149 — Canard mort.

150 — Maison ancienne.

(Voir aux peintures a l'huile.)

ROY (Mme Marie), à Rennes.

151 — Oiseaux morts.

DESSINS, AQUARELLES, MINIATURES.

CHARNAL (Gaspard), à Rennes, rue de Bourbon.

152 — Pie grièche sur une branche de cerisier (dessin à la plume).

152 *bis* — Fleurs (dessin à la plume).

(Voir aux sculptures.)

COURTOIS.

153-154 — Deux petits paysages dans le même cadre (aquarelles).

155-156 — Deux vues de rochers dans le même cadre (aquarelles).

DARCY (D.-M.), artiste-peintre, à Angers.

157 — Paysage (aquarelle).

158 — Plage à marée basse (aquarelle)

159 — Bateau de pêche (aquarelle).

160 — Petit intérieur de cour (aquarelle).

161 — Intérieur de cour (aquarelle).

162 — Rémouleur dans la cour d'une ferme (aquarelle).

(Voir aux peintures à l'huile.)

DE GACON (Mlle Zoé), à Rennes.

163 — Oiseau (aquarelle).

164 — Fleurs (aquarelle).

DE M....

165 — Maquignon à la porte d'un cabaret (dessin au fusain, fixé).

DRAKE (Tom), artiste-peintre, à Angers.

166 — Le Bouffay de Nantes (dessin à la mine de plomb : — prix, 80 fr.).

167 — Saint-Fulgent, souvenir des guerres de la Vendée (dessin à la mine de plomb : — prix, 60 fr.).

168 — Marais du pont de Loc (Morbihan) (dessin à la mine de plomb : — prix, 80 fr.).

169 — Le Mont-Saint-Michel (dessin à la mine de plomb ; — prix, 150 fr.).

170 — Le pont Barré (Maine-et-Loire) (dessin à la mine de plomb ; — prix, 130 fr.).

(Voir peintures à l'huile et lithographies.

DUHIL (E.), à Fougères.

171 — Chardonneret sur une branche de rosier (aquarelle).

(Voir aux peintures à l'huile.)

JOBBÉ-DUVAL, artiste-peintre et doreur, à Rennes, rue Impériale.

172 — Entrée d'un bois (dessin au crayon).

173 — Vue de Redon (dessin au crayon).

174 — Vue du château de Juzet (Loire-Inférieure) (dessin au crayon).

175 — Bords du Couanon (dessin au crayon).

176 — Etudes d'arbres (dessin au crayon).

177 — Motif d'ornement pour salle à manger (dessin au crayon).

(Voir aux peintures à l'huile.)

OBERTHUR père.

178 — Tête d'*Ecce-Homo* (sépia).

179 — La Vierge et l'Enfant (sépia).

180 — Portrait d'homme (miniature).

181 — Femme en buste (miniature).

182 — Gravure d'après Raphaël.

PICOU (Eugène), architecte, à Nantes.

183 — Nymphée.

PUYO (Jean), architecte-dessinateur, à Morlaix.

184 — Les avant-postes vendéens (dessin à la plume ; — prix, 400 fr.).

(Voir à l'architecture.

ROUXEL (Hyacinthe), à Rennes.

185 — Portrait d'un ecclésiastique (dessin).

186 — Portrait d'un ecclésiastique (dessin).

TOURNEUX (Mme veuve), à Rennes.

187 — Vase de fleurs (aquarelle).

188 — Bouquet de tulipes (aquarelle).

ARCHITECTURE.

AMÉ (Emile), architecte à Vannes.

Projet pour un tribunal à Lorient.

189 — Pièce 1.

190 — Pièce 2.

Projet de restauration des chapelles absidiales de l'ancienne collégiale de Saint-Quentin (Aisne) :

191 — Pièce 1.

192 — Pièce 2.

193 — Restauration de la chapelle de la Sainte-Vierge de Saint-Thibault-de-Joigny.

Projet d'église, en style du XIIIe siècle, pour la ville d'Aillant (Yonne).

194 — Pièce 1.

195 — Pièce 2.

196 — Pièce 3.

Etudes céramiques ; carrelage de l'ancienne église de l'abbaye de Vivoin (Sarthe) :

197 — Pièce 1.

198 — Pièce 2.

BOUET (Georges), artiste-peintre, à Caen.

198 *bis* — Projet de chaire pour une cathédrale.

198 *ter* — Projet de couronnement pour la cathédrale de Bayeux.

199 — Pièce 1.

200 — Pièce 2.

201 — Pièce 3.

Projet pour le concours de Lille :

202 — Pièce 1.

203 — Pièce 2.

204 — Pièce 3.

205 — Pièce 4.

(Voir aux peintures à l'huile).

LOIVET (Henri), Rennes.

206 — Exécution en relief à l'échelle de 0m 01 pour 1m d'un projet d'église proposé par l'auteur pour la paroisse Saint-Aubin de Rennes.

PUYO (Jean), architecte à Nantes.

207 — Plan d'un pont construit sur le port de Morlaix.

(Voir dessins).

SCULPTURE.

BANCTEL (Laurent), sculpteur-mouleur, douve de la Visitation, à Rennes.

208 — Petit jardinier (étude pour statue de jardin; plâtre).

209 — Jeune fille portant des fleurs, *id.*

BARRÉ (Jean-Baptiste), sculpteur de la ville de Rennes, quai Châteaubriand.

210 — Saint Yves, statue en pierre de Chauvigny, destinée à orner la façade extérieure de la chapelle de l'hôpital Napoléon III.

211 — Buste de M. Féart, préfet d'Ille-et-Vilaine (plâtre).

212 — Buste de Mgr l'archevêque de Rennes (plâtre).

213 — Statue de la Vierge immaculée (plâtre).

214 — Bas-relief représentant la Cène, d'après Léonard de Vinci (marbre d'Italie, pour devant d'autel au grand séminaire de Séez (Orne).

215 — Bassin des ablutions au temple de Salomon (bas-relief en marbre).

216 — Table des pains de proposition, *id.*

217 — Autel des parfums, *id.*

218 — Chandelier à sept branches, *id.*

(Motifs destinés au même autel.)

219 — Buste historique de Graziella (plâtre) (Confidences de Lamartine).

(La statue en grand, reçue au concours de Paris, 1857, est à l'atelier de l'artiste.)

220 — Portrait de l'Empereur Napoléon III (médaillon en plâtre.)

221 — Portrait de l'Impératrice Eugénie, *id.*

222 — Portrait de Mme ***, *id.*

223 — Portrait de Mlle D., *id.*

224 — Portrait de M. B., *id.*

225 — Modèle du grand bas-relief, représentant la Charité, exécuté sur le fronton de la façade, à l'hôpital Napoléon III (petit médaillon en plâtre).

BOUTARD (Charles), artiste amateur, à Nantes.

226 — Cadre-médaillon contenant dix portraits, ceux de MM. les professeurs de l'école supérieure des sciences et des lettres, à Nantes (plâtre).

227 — Cadre-médaillon contenant huit portraits (plâtre).

228 — Portraits d'homme (médaillon en plâtre).

229 — Portraits de femme, *id.*

CHARNAL (Gaspard), rue de Bourbon, à Rennes.

230 — Deux boîtes à épingles (ivoire).

(Voir aux dessins).

DE BOTHEREL, à Rennes.

231 — Groupe de danseurs espagnols (terre).

232 — Brigand espagnol et sa compagne (terre).

233 — Un chiffonnier, lisant le journal (terre).

234 — Un mendiant (terre).

235 — Portrait d'enfants (médaillon en plâtre).

GOURDEL (Pierre), sculpteur, à Rennes, rue du Chapitre.

236 — Saint Roch (statue en plâtre).

237 — Portrait de l'artiste (buste en plâtre).

238 — Portrait de M. R., *id.*

239 — Portrait d'enfants, *id.*

240 — Ulisse (bas-relief en plâtre).

241 — Saint François-d'Assise (statuette en terre).

242 — Ermite préparant son repas, *id.*

243 — Moine méditant, *id.*

244 — La Bretagne distribuant des couronnes aux combattants de Saint-Cast (bas-relief en terre).

245 — Saint-Yves secourant une famille bretonne, *id.*

245 *bis* — Saint Vincent (groupe en terre).

246 — Mendiants bretons, *id.*

247 — Groupe pendant du précédent, *id.*

248 — Un mendiant breton au pied d'une croix, *id.*

249 — Ouvriers prenant leur repas (groupe en terre).

250 — Paysan breton en embuscade (guerre de la Vendée), *id.*

251 — Paysan breton en armes, *id.*

252 — Tambour breton, *id.*

253 — Breton jouant du bignou, *id.*

254 — Breton jouant de la musette, *id.*

255 — Pirate breton, *id.*

256 — Mendiant breton, *id.*

257 — Ouvrier prenant son repas, *id.*

258 — Chiffonnier lisant, *id.*

259 — Turc, *id.*

260 — Flore, *id.*

261 — Enfant sur un dauphin, *id.*

(Voir photographie.)

GROUSSARD (Jean-Marie), sculpteur, à Fougères.

262 — Christ en croix (en buis), — prix, 70 fr.).

HERAULT, sculpteur-ornemaniste. Rennes. rue des Carmes.

263 — Grande châsse en bois sculpté et ornée de peintures.

Dessins pour chaires :

264 — Pièce 1.

265 — pièce 2.

Dessins pour autels.

266 — Pièce 1.

267 — Pièce 2.

268 — Pièce 3.

SENGAL (Frédéric), amateur, Rennes, faubourg de Nantes.

269 — Christ en bois sur fond de velours.

270 — Christ en bois.

271 — Christ en bois.

MACÉ (Pierre), sculpteur, à Rennes, rue de Bertrand.

272 — Chapelle sculptée dans une pierre blanche.

MIOLLET (Charles), sculpteur, à Nantes.

273 — La Vierge (statuette en marbre; — prix, 400 fr.).

274 — L'Oracle des champs (groupe en marbre; — prix, 600 fr.)

275 — Buste de jeune fille (en marbre).

275 *bis* — Portrait de l'Empereur Napoléon III (médaillon ivoire. — prix, 150 fr.).

ROUAUX (Jules), sculpteur à Rennes, douve de la Visitation.

276 — Portrait de M... (buste en plâtre).

277 — Un Christ (en bois).

PHOTOGRAPHIE.

BAUDELAIRE (Auguste) et BOUSSETON (Alphonse), peintres et photographes, à Rennes, rue de Belair.

278 à 320 — Exposition de photographies dont quelques-unes retouchées à l'huile. Cette exposition comprend des vues

prises dans le département, des photographies d'animaux d'apres nature, des reproductions d'après des sculptures de M. Barré, la reproduction d'une peinture à l'huile, des portraits, etc.

BODINIER (Frédéric), photographe, à Nantes.

321 à 332 — Portraits.

PENAU (Pierre), photographe, à Brest.

333 à 340 — Portraits.

ANONYME.

341-342 — Cadres renfermant des photographies reproduisant des sculptures de M. Gourdel.

LITHOGRAPHIE ARTISTIQUE.

CHARPENTIER, imprimeur et lithographe, éditeur, à Nantes.

Paris dans sa splendeur.

Galerie armoricaine.

La Normandie.

La Vie de la sainte Vierge.

Un supplément sera publié du 1er au 15 septembre. On y insérera les noms des exposants venus postérieurement à la publication de ce catalogue, et les rectifications réclamées.

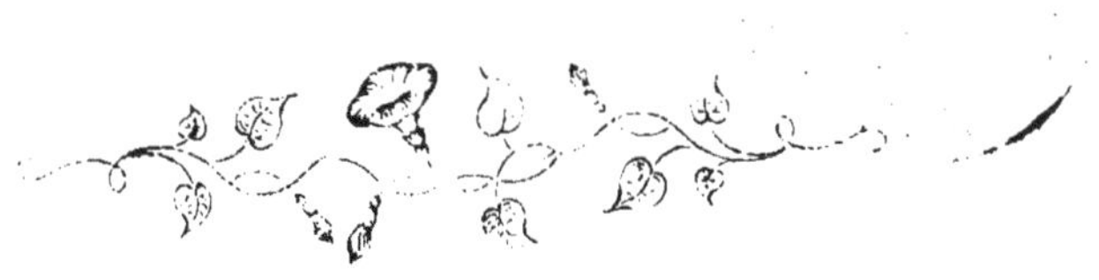

Rennes, typ. Oberthur

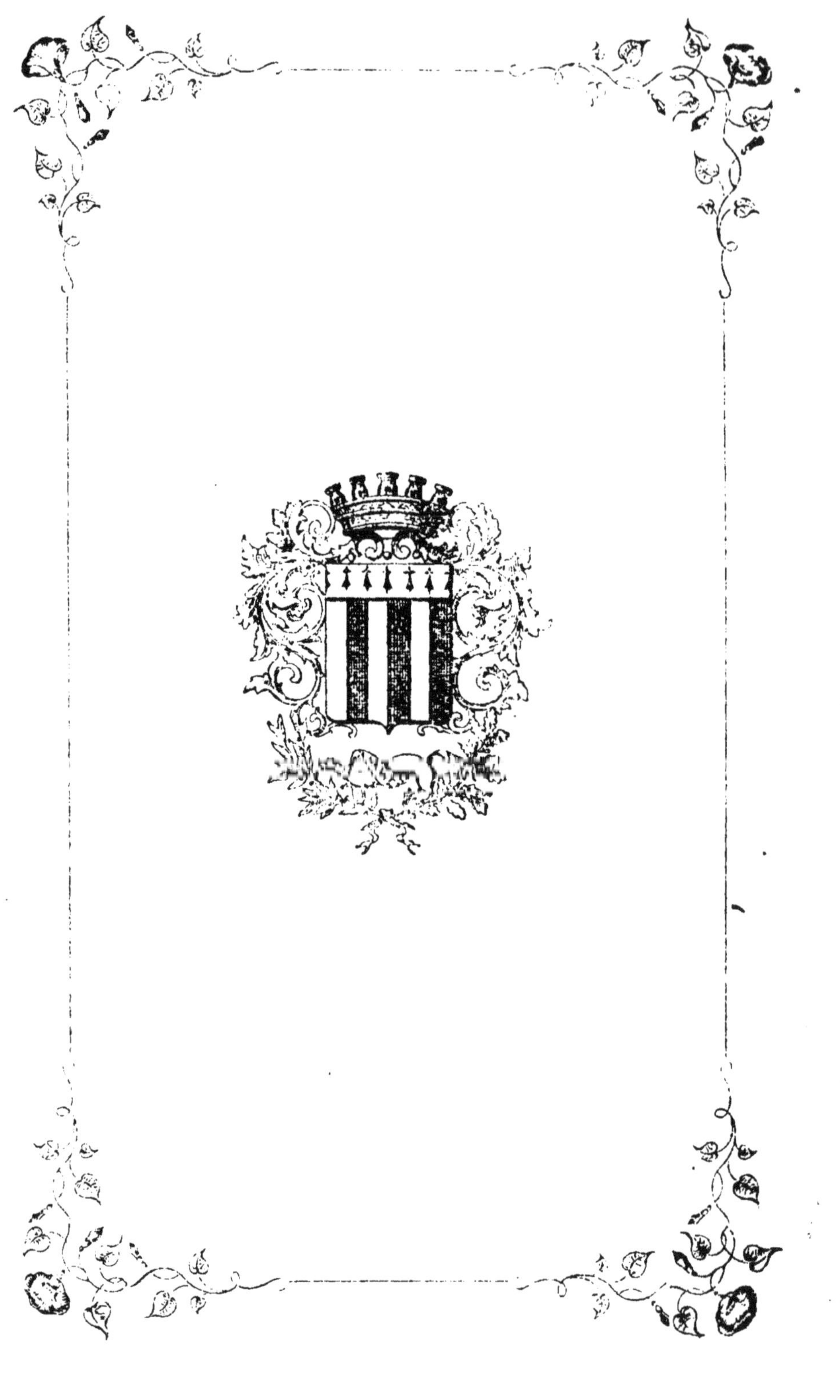

www.ingramcontent.com/pod-product-compliance
Ingram Content Group UK Ltd.
Pitfield, Milton Keynes, MK11 3LW, UK
UKHW031803170726
13836UKWH00003B/1159

9 782329 583037